Wir entdecken und bestimmen

das
Leben am Wasser

Anthony Wootton

Deutsche Fassung von
Hans Joachim Conert
Otto Maier Ravensburg

Inhalt

Hinweis:
Dieser Band enthält einige Abbildungen aus folgenden Bänden der Reihe „Wir entdecken und bestimmen": Band 496 Bäume, Band 491 Vögel, Band 541 Tierspuren, Band 495 Wildpflanzen, Band 539 Insekten

Deutsche Erstausgabe als Ravensburger Taschenbuch Band 679, erschienen 1981

Die Originalausgabe erschien im Verlag Usborne Publishing Ltd., London unter dem Titel „Spotter's Guide to Ponds & Lakes"
© 1980 Usborne Publishing Ltd., London
© 1987 Ravensburger Buchverlag Otto Maier GmbH für die deutsche Ausgabe

Illustrationen: Trevor Boyer, Hilary Burn, Tim Hayward, Alan Male, Andy Martin, Annabel Milne & Peter Stebbing, David Palmer, Julie Piper, Chris Shields und Phil Weare
Gestaltung: Felicity Mansfield
Umschlag: Graphisches Atelier, Otto Maier Verlag, unter Verwendung des Umschlags der Originalausgabe

8 7 6 5 4   91 90 89 88 87

ISBN 3-473-38679-0

Einleitung

Wie man dieses Buch benutzt

Dieses Buch soll dir helfen, Pflanzen und Tiere zu erkennen, die du in Tümpeln, Teichen und Seen findest. Du kannst es bei Ausflügen und Wanderungen in deine nähere Umgebung mitnehmen, du kannst es aber auch verwenden, wenn du eine Urlaubsreise machst, denn du findest die abgebildeten Lebewesen in den meisten europäischen Ländern.

Das Buch ist in Kapitel geteilt, damit du die einzelnen Pflanzen und Tiere leichter auffinden kannst. Es werden Pflanzen behandelt, die am Ufer sowie im Wasser wachsen, außerdem Vögel, Fische, Säugetiere, Lurche und Kriechtiere, Insekten, Muscheln und Schnecken, Würmer und andere wirbellose Tiere. Neben der Abbildung findest du eine kurze Beschreibung sowie einen Kreis, in dem du jedes neu entdeckte Tier und jede Pflanze abhaken kannst. Am Ende des Buches sind Punktekarten, in die du deinen Fund ebenfalls eintragen kannst, dabei erhältst du für jede Beobachtung zwischen 5 und 25 Punkte. Wenn du besonders erfolgreich warst, erreichst du an einem Tag eine große Anzahl von Punkten.

Wo du Pflanzen und Tiere beobachten kannst

Frühjahr und Sommer sind die beste Zeit, um die Gewässer zu untersuchen. Jetzt blühen die Pflanzen, und die Tiere vermehren sich und sind bei der Aufzucht ihrer Jungen an einen bestimmten Platz gebunden. Für deine Beobachtungen kommen vor allem stehende und langsam fließende Gewässer in Frage. Zu den ersteren gehören Wassergräben und Tümpel, Teiche und Seen. Da ihr Wasser wenig durchmischt wird, ist es in den oberen Schichten warm und sauerstoffarm, in den unteren kälter und sauerstoffreicher. Zu den fließenden Gewässern gehören Flüsse und Bäche der Ebenen, deren Ufer oft dicht bewachsen sind.

▲ Dorfteiche

Sind meist vor langer Zeit vom Menschen angelegt worden, um die Tiere zu waschen und zu tränken. Ihre Ufer sind oft bewachsen, im Wasser leben verschiedene Tiere.

▲ Tränken

Wurden früher oft auf Weiden angelegt. Tiefere Stellen wurden mit Ton ausgekleidet, und es sammelte sich Wasser an. Hier gibt es nur wenige Tiere.

▲ Teiche und Seen

Sind natürlich entstandene Gewässer. Sie haben einen breiten Pflanzensaum und werden von den verschiedensten Tieren bewohnt.

3

Wie Pflanzen und Tiere vermessen werden

Bei den Beschreibungen der Pflanzen und Tiere ist stets ihre Größe angegeben. Da diese sehr verschieden ist, ist es nicht möglich, alle Lebewesen im selben Maßstab zu zeichnen. Auf den folgenden Bildern kannst du sehen, wie die einzelnen Pflanzen und Tiere vermessen werden.

Pflanzen. Höhe über dem Erdboden oder über der Wasseroberfläche, bei Blüten wird die Breite angegeben.

Schmetterlinge und Libellen. Außer der Körperlänge ist bei diesen Tieren besonders die Flügelspannweite wichtig.

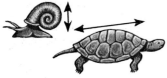 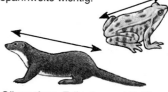

Schnecken, Muscheln und Schildkröten. Hier wird die Größe des Gehäuses oder Panzers angegeben.

Säugetiere, Frösche und Kröten. Die Kopfrumpflänge (KRL) umfaßt Körper und Kopf – nicht aber den Schwanz.

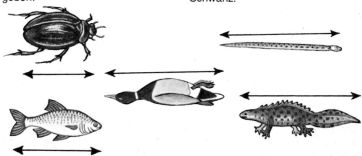

Fische, Vögel sowie Käfer, Würmer, Spinnen und andere wirbellose Tiere. Sie werden vom Kopf bis zur Schwanzspitze gemessen, die Beine werden aber nicht berücksichtigt.

Wo die Pflanzen und Tiere leben

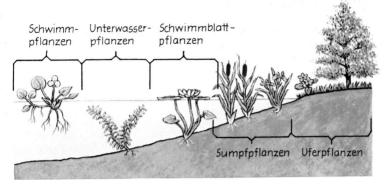

Schwimm- / Unterwasser- / Schwimmblatt- / pflanzen / pflanzen / pflanzen

Sumpfpflanzen Uferpflanzen

Pflanzen

Die Pflanzen sind in diesem Buch in Gruppen eingeteilt, je nach der Zone, in der sie wachsen. Bäume gibt es nur in der Uferzone; Erlen und Weiden zeigen dir schon von weitem an, daß hier ein Gewässer ist. Es schließt sich eine Sumpfzone an, die durch Seggen, Schilf und Binsen gekennzeichnet ist. In der Schwimmblattzone gibt es im Boden wurzelnde Pflanzen, deren Blätter und Blüten auf der Wasseroberfläche schwimmen. Mit der Zone der Unterwasserpflanzen schließt der Uferbewuchs eines Teiches und Sees ab. Die Schwimmpflanzen können sich über die ganze Wasserfläche ausbreiten.

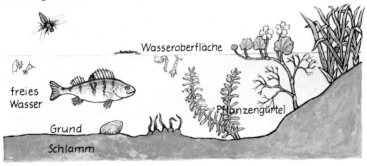

Wasseroberfläche

freies Wasser

Pflanzengürtel

Grund

Schlamm

Tiere

Die meisten kleinen Wassertiere leben im Pflanzengürtel. Die Vögel bauen im Schilf ihre Nester, und Frösche und Libellen sitzen auf den großen Blättern der Teichrosen. Die Fische bewohnen die Zone des freien Wassers. Wasserläufer huschen über die Wasseroberfläche, während die Larven der Stechmücken von der Wasseroberfläche herabhängen. Muscheln und Schnecken leben meist auf dem Grunde der Gewässer oder im Schlamm.

Verschmutzung und Erhaltung

Schilf-gürtel

Abfallende Blätter

Teichboden →

Ursprünglicher Teichboden

Natürliche Verlandung

Teiche bestehen normalerweise nur kurze Zeit, vielleicht nur einige Jahrzehnte, dann verlanden sie. Verwesende Wurzeln, Stengel und Blätter, Staub und Sand setzen sich auf dem Boden ab und bilden eine immer höhere Schicht. Allmählich nehmen die Wasserpflanzen ab, und die Sumpfpflanzen breiten sich immer weiter aus. Aus dem Teich wird ein Flachmoor.

Dünger

Insektizide

Industrie-abwässer

Andere Abwässer

Künstliche Verschmutzung

Tümpel, Teiche, Sümpfe und Seen sind heute besonders gefährdete Lebensräume, denn sie werden von der Landwirtschaft und Industrie, aber auch von den Haushalten immer mehr verschmutzt. Ihr Wasser wird sehr nährstoffreich, durch die Tätigkeit von Pilzen und Bakterien aber sauerstoffarm. Es bildet sich Faulschlamm, und Pflanzen und Tiere sterben.

Gefährdete Arten

Seit einigen Jahren gibt es für die meisten europäischen Länder sogenannte „Rote Listen", in denen alle vom Aussterben bedrohten Pflanzen und Tiere erfaßt sind. Viele von ihnen sind Bewohner von Feuchtgebieten. Sie können nur gerettet werden, wenn ihr Lebensraum geschützt und nicht weiter zerstört wird.

Wie du helfen kannst

Um die Pflanzen und Tiere deiner Heimat zu erhalten, brauchst du nicht unbedingt mit Schildern und Transparenten auf der Straße herumzulaufen. Du solltest vielmehr die Lebewesen der Gewässer beobachten und ihren Lebensraum kennenlernen. Nur was du kennst und liebst, kannst du wirkungsvoll verteidigen.

Uferpflanzen

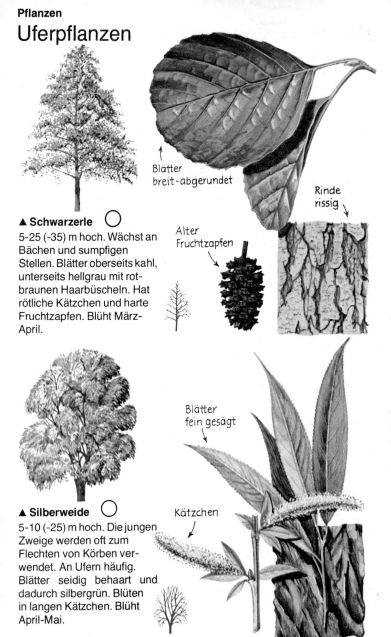

Blätter
breit-abgerundet

Rinde
rissig

▲ Schwarzerle ○

5-25 (-35) m hoch. Wächst an
Bächen und sumpfigen
Stellen. Blätter oberseits kahl,
unterseits hellgrau mit rot-
braunen Haarbüscheln. Hat
rötliche Kätzchen und harte
Fruchtzapfen. Blüht März-
April.

Alter
Fruchtzapfen

Blätter
fein gesägt

▲ Silberweide ○

5-10 (-25) m hoch. Die jungen
Zweige werden oft zum
Flechten von Körben ver-
wendet. An Ufern häufig.
Blätter seidig behaart und
dadurch silbergrün. Blüten
in langen Kätzchen. Blüht
April-Mai.

Kätzchen

Uferpflanzen

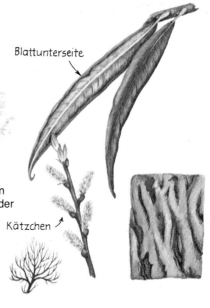

Blattunterseite

▲ Korbweide ○

Bis 5 m hoch. Wächst an Ufern
und in Gebüschen. Blätter auf der
Oberseite grün, unterseits
silbrig behaart, ganzrandig,
bis 15 cm lang. Die Zweige
werden zur Herstellung von
Körben verwendet. Kätz-
chen seidig behaart.
Blüht März-April.

Kätzchen ↗

◄ Sumpf-Vergißmeinnicht ○

Bis 40 cm hoch. An den Ufern
der Gewässer, an feuchten
Stellen. Stengel behaart, kantig.
Blüten anfangs rötlich, dann
blau, etwa 1 cm breit, ihre
Kelchblätter mit anliegenden
Haaren. Blüht Mai-Oktober.

▶ Sumpf-Dotterblume ○

Bis 45 cm hoch. Auf Sumpf-
wiesen, an Gräben und in
feuchten Gebüschen. Pflanze
glänzend grün. Blüten dotter-
gelb, mit 5 glänzenden Blütenblättern. Die 5-8 Balgfrüchte
sternartig ausgebreitet. Blüht
März-Juni.

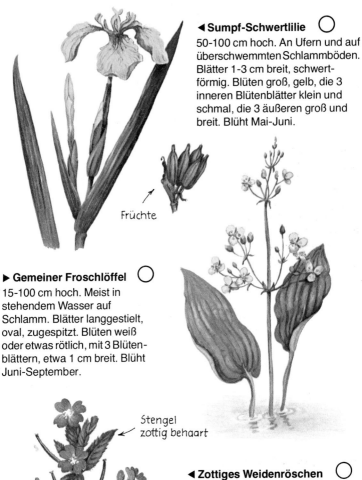

◀ **Sumpf-Schwertlilie** ◯

50-100 cm hoch. An Ufern und auf überschwemmten Schlammböden. Blätter 1-3 cm breit, schwertförmig. Blüten groß, gelb, die 3 inneren Blütenblätter klein und schmal, die 3 äußeren groß und breit. Blüht Mai-Juni.

Früchte

▶ **Gemeiner Froschlöffel** ◯

15-100 cm hoch. Meist in stehendem Wasser auf Schlamm. Blätter langgestielt, oval, zugespitzt. Blüten weiß oder etwas rötlich, mit 3 Blütenblättern, etwa 1 cm breit. Blüht Juni-September.

Stengel zottig behaart

◀ **Zottiges Weidenröschen** ◯

0,5-1,5 m hoch. An Bächen und Flüssen auf nährstoffreichen Böden. Blätter schmal und spitz, mit ihrem untersten Teil den Stengel umfassend. Blüten groß, purpurrot. Blüht Juni-September.

Uferpflanzen

▶ **Echtes Mädesüß** ○

0,6-2 m hoch. Auf feuchten
Wiesen, an Ufern und im
flachen Wasser auf nähr-
stoffreichem Schlamm.
Stengel aufrecht. Blätter
aus 5-11 großen Blättchen
zusammengesetzt. Blüten
klein, weiß, duftend. Blüht
Juni-August.

Blattunter-
seite ist
silbergrau behaart

◀ **Schwanenblume** ○

0,6-1,5 m hoch. In stehendem Wasser auf nährstoff-
reichem Schlamm. Stengel
unverzweigt, blattlos. Blätter
schmal, riemenförmig.
Blüten rötlichweiß, in einem
doldenförmigen Blüten-
stand. Blüht Juni-August.

▶ **Grüne Teichsimse** ○

0,8-3 m hoch. An stehen-
den und langsam fließen-
den Gewässern auf
nährstoffreichem Schlamm.
Stengel bis 1,5 cm dick,
grün, unbeblättert. Am
oberen Ende 1-2 grüne
Tragblätter und viele
Ährchen. Blüht Juni-Juli.

Ein Büschel
großer, brauner
Ährchen

Sumpfpflanzen

◄ Schilf ◯

1-4 m hoch. Bildet große und breite Schilfgürtel an Ufern. Halme dick, hart, dicht beblättert. Rispe braunviolett, bis 30 cm lang, meist einseitig überhängend, mit vielen, behaarten Ährchen. Blüht Juli-September.

Weiblicher Blütenkolben

► Breitblättriger Rohrkolben ◯

1-2,5 m hoch. Im flachen Wasser von Teichen und langsam fließenden Gewässern. Blätter lang und schmal. Blüten am oberen Ende des Stengels, die weiblichen in einem dunkelbraunen Kolben, darüber die männlichen. Blüht Juli-August.

Fruchtkolben

Männliche Blütenköpfchen

Fruchtstand

◄ Ästiger Igelkolben ◯

30-100 cm hoch. Wächst auf nährstoffreichem Schlamm. Stengel ästig. Blätter 3kantig. Blüten in grünen, kugelförmigen Köpfchen. Die weiblichen Köpfchen größer als die darüber stehenden männlichen. Blüht Juni-August.

Schwimmblattpflanzen

▶ **Wasser-Hahnenfuß** ◯
Stengel 20-100 cm lang,
untergetaucht, wurzelt im
Schlamm. Unterwasser-
blätter in schmale Zipfel
aufgelöst, Schwimmblätter
nierenförmig. Blüten weiß.
Blüht Juni-August.

Unterwasserblatt

◀ **Weiße Seerose** ◯
Wurzelt im Schlamm
stehender Gewässer.
Blätter langgestielt, oval, bis
15 cm groß, auf dem Wasser
schwimmend. Blüten groß,
weiß, oft rosa überlaufen.
Blüht Juni-Juli. Geschützt!

◀ **Gelbe Teichrose,
Mummel** ◯
Wurzelt im Schlamm
stehender Gewässer.
Blätter derb, schwimmend,
10-40 cm groß, herzförmig,
abgerundet. Blüten lang-
gestielt, gelb, 4-6 cm breit.
Blüht Juni-August.
Geschützt!

Frucht der
Mummel

Schwimm-
blätter

▶ **Schwimmendes Laichkraut** ◯
In nährstoffreichen, stehenden
Gewässern. Stengel unver-
zweigt, wurzelnd. Schwimmblätter schmal bis oval, leder-
artig. Blüten klein, in einer
dichten Ähre, die aus dem
Wasser ragt. Blüht Juni-August.

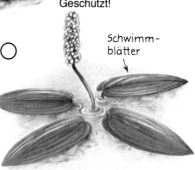

Schwimmblatt- und Schwimmpflanzen

◄ Pfeilkraut ◯

Stengel 20-120 cm hoch, im Schlamm flacher Gewässer wurzelnd. Blätter langgestielt, pfeilförmig, aus dem Wasser ragend. Blüten in einer großen Rispe, unten die weiblichen, darüber die rotgefleckten männlichen. Blüht Juni-August.

▲ Kleine Wasserlinse ◯

Schwimmpflanze. Blätter 2-3 mm groß, je mit einer herabhängenden Wurzel. Wird von Fischen und Enten verzehrt.

► Krebsschere ◯

10-40 cm hohe Schwimmpflanze. Blätter schmal, am Rande gesägt, in einer trichterförmigen Rosette. Blüten weiß, darunter ein Hochblatt, das einer Krebsschere ähnelt. Blüht Juni-August.

Blätter gesägt →

◄ Froschbiß ◯

Bildet Ausläufer mit Tochterpflanzen. Blätter langgestielt, auf dem Wasser liegend. Blüten weiß, die männlichen zu dritt, die weiblichen einzeln. Blüht Juni-August.

Ausläufer

13

Unterwasserpflanzen

► **Kanadische Wasserpest** ○

Stengel bis 3 m lang, im
Schlamm wurzelnd. Blätter
zu dritt, dünn und weich.
Blüten sehr selten, rötlichweiß.
Um 1850 wurden nur weib-
liche Pflanzen eingeschleppt.
Durch Verschmutzung der
Gewässer heute selten.

Wasser-
oberfläche

◄ **Sumpf-Wasserfeder** ○

15-50 cm hoch. In Gräben,
Sümpfen und langsam
fließenden Gewässern.
Blätter kammartig gefiedert,
in einer Rosette angeordnet.
Stengel blattlos. Blüten weiß
oder rötlich, in der Mitte
gelb. Blüht Mai-Juli.

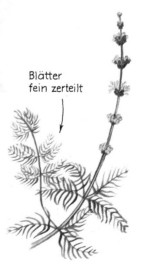

Blätter
fein zerteilt

► **Ähren-Tausendblatt** ○

Stengel 0,5-3 m lang. In
nährstoffreichen, kalkhaltigen
Gewässern. Blätter gefiedert,
zu viert in einem Quirl
angeordnet. Blüten klein,
eingeschlechtlich. Blüht Juni-
August.

Unterwasserpflanzen

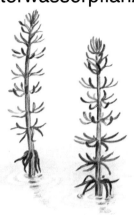

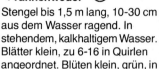

◄ Tannenwedel ◯

Stengel bis 1,5 m lang, 10-30 cm aus dem Wasser ragend. In stehendem, kalkhaltigem Wasser. Blätter klein, zu 6-16 in Quirlen angeordnet. Blüten klein, grün, in den Blattachseln stehend. Blüht Mai-August.

► Teich-Wasserstern ◯

Stengel bis 80 cm lang. In fließenden und stehenden Gewässern. Blätter schmal, die oberen breiter, fleischig, in einer Rosette. Blüten klein, weiß, eingeschlechtlich. Blüht Juni-Oktober.

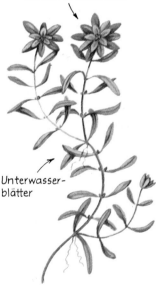

Blattrosette auf dem Wasser schwimmend

Unterwasserblätter

Ist im Schlamm mit braunen, wurzelartigen Organen verankert

◄ Armleuchteralge ◯

Eine blütenlose Unterwasserpflanze, deren stengelartiger Teil bis 25 cm hoch wird und in dichten Quirlen blattähnliche Seitenlappen trägt. Ist in allen Teilen rauh und im Schlamm stehender Gewässer verankert.

Enten

Weibchen (Ente)

Männchen
(Erpel)

Das Weibchen
bedeckt die Eier mit
weichen Federn

▲ Stockente ○
Etwa 58 cm lang. Kommt
das ganze Jahr hindurch an
allen Gewässern vor und
ernährt sich von kleinen
Wasserpflanzen und -tieren.
Nur das Weibchen stößt
laute quakende Rufe aus.
Baut das Nest am Ufer.

▶ Krickente ○
Etwa 36 cm lang. Die kleinste
europäische Ente. Brütet bei
uns im Alpenvorland. Zieht im
Winter nach Süden. Lebt in
Mooren und Sümpfen. Ist
sehr scheu. Kann steil von der
Wasserfläche auffliegen.

Weibchen

Männchen

Weibchen

Männchen

◀ Schellente ○
Etwa 45 cm lang. Brütet in
Nordostdeutschland und hält sich
an Teichen und Seen auf. Ernährt
sich von Würmern und Insekten,
taucht nach kleinen Wassertieren.
Zugvogel. Mit schellendem
(klingelndem) Fluggeräusch.

Zeigt beim Flug
weiße Flecken
an den Flügeln

Enten

Weibchen

Langer Schnabel

Männchen

▼ Tafelente ○

Etwa 45 cm lang. Brütet bei uns und überwintert vor allem in Westeuropa. Lebt an großen, flachen Teichen und taucht nach Wasserpflanzen, Muscheln, Schnecken und Insekten. Lebt meist in Scharen.

▲ Löffelente ○

Etwa 50 cm lang. Brütet in Norddeutschland, ist sonst bei uns selten und überwintert im Mittelmeergebiet. Filtert mit ihrem langen Schnabel kleine Pflanzen und Tiere aus dem Wasser.

Weibchen

Männchen

Junge Enten, die ihrer Mutter folgen

▶ Reiherente ○

Etwa 43 cm lang. Brütet auch in Norddeutschland, Bayern und Österreich, ist hier auch im Winter zu sehen. Lebt auf größeren Teichen. Taucht bis 12 m tief nach Muscheln und anderen Weichtieren. Frißt auch Sämereien.

Männchen

Weibchen

Lappentaucher und Schwan

Jungvögel sind gestreift

Im Sommer

◀ Haubentaucher ◯

Etwa 48 cm lang. Brütet und überwintert bei uns an größeren Gewässern mit Schilfgürtel. Lebt fast nur auf dem Wasser, kann bis 40 m tief tauchen und fängt Fische, frißt auch Insekten, Krebse und Lurche.

Im Winter

Im Winter

Im Sommer

▼ Höckerschwan ◯

Etwa 150 cm lang. Hat einen orangeroten Schnabel und einen Stirnhöcker. Ist halb zahm, lebt auf Parkweihern, Teichen und Seen. Frißt Pflanzen. Taucht einen Gegner im Wasser unter und kann dabei einen Schäferhund oder ein Kind töten!

▲ Zwergtaucher ◯

Etwa 27 cm lang. Brütet und überwintert bei uns, ist nicht selten. Lebt an kleineren Gewässern mit bewachsenem Ufer. Frißt Insekten und Weichtiere, nur im Winter auch Fische.

Der Hals ist S-förmig geschwungen

Jungvogel

Reiher, Rohrdommel, Möwe

▶ Graureiher ◯

Etwa 90 cm lang. Brütet in Norddeutschland, baut sein Nest in Baumwipfeln und lebt in Kolonien. Fängt Fische, Frösche, Mäuse und Jungvögel. Steht oft unbeweglich in flachem Wasser.

Nestling

▶ Rohrdommel ◯

Etwa 76 cm lang. Brütet bei uns, zieht in strengen Wintern nach Westen oder Süden. Lebt an Gewässern mit breitem Schilfgürtel. Ist selten geworden. Frißt Fische, Frösche und andere Kleintiere.

Vogel in Alarmstellung (Pfahlstellung)

Im Winter

Im Sommer

Der Kopf ist im Sommer braun gefärbt

◀ Lachmöwe ◯

Etwa 38 cm lang. Brütet auch in Mittel- und Osteuropa, überwintert bei uns oft in Städten. Lebt an Teichen, Seen, Sümpfen und an der Meeresküste. Frißt Schnecken, Würmer, Krebse und Insekten, aber auch Abfälle.

Rallen

▶ Wasserralle ◯

Etwa 28 cm lang. Bei uns
selten und scheu. Lebt am Rande
von Gewässern und baut das Nest
zwischen Uferpflanzen. Kann gut
schwimmen. Frißt Insekten, Regenwürmer und Krebse, Fische und
Kleinsäuger, im Winter Früchte
und Samen.

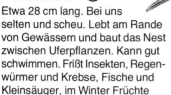

Hat einen
gelbroten
Schnabel

◀ Teichhuhn ◯

Etwa 33 cm lang. Brütet und
überwintert bei uns. Lebt an
größeren Gewässern mit
vielen Schwimmpflanzen.
Kommt oft an Land, um nach
Futter zu suchen. Ist Alles-
fresser. Kann gut schwimmen,
taucht aber nur selten.

▼ Bläßhuhn ◯

Etwa 38 cm. Lebt an Parkweihern,
Teichen und Flüssen, ist bei uns
häufig und brütet hier. Kann gut
schwimmen und tauchen, rennt
schnell über das Wasser. Frißt
Pflanzen, Muscheln, Insekten und
Vogeleier.

Nestling

Das Nest wird
im Schilf gebaut

Fischadler, Rohrsänger, Eisvogel

Die Oberseite ist dunkelbraun

◀ Fischadler ◯

50-58 cm lang. Brütet heute nur noch in Brandenburg und Mecklenburg, überwintert in Westafrika. Fliegt dicht über die Wasseroberfläche und ergreift seine Beute mit den Krallen. Baut sein Nest meist in Kiefern.

▼ Teichrohrsänger ◯

Etwa 13 cm lang. Brütet bei uns, überwintert in Afrika. Lebt an Gewässern mit breitem Schilfgürtel. Hüpft zwischen den Halmen herum und liest Insekten und Spinnen auf. Das Nest hängt zwischen Halmen.

Nestling

▶ Eisvogel ◯

16-17 cm lang. Brütet und überwintert bei uns. Lebt an fließenden Gewässern mit Steilufern. Ist durch die Gewässerverschmutzung selten geworden. Stößt ins Wasser und fängt kleine Fische, Krebse und Insekten.

Achte auf den schrillen Pfiff

Nerz, Otter, Spitzmaus

◀ Nerz ○

KRL 35 cm. Lebt in Sümpfen, an Teichen und Seen. Schläft tagsüber in Erdhöhlen und jagt nachts. Frißt Krebse, Schnecken, Insekten und Kleinsäuger. Ist bei uns vor etwa 50 Jahren ausgestorben, wird in Farmen gezüchtet.

Hat Schwimmhäute
zwischen den Zehen

▲ Fischotter ○

KRL 70 cm. Lebt an Gewässern, ist sehr scheu und nachts aktiv, wandert weite Strecken an Flüssen entlang. Heute selten und vielerorts ausgerottet. Braucht sauberes Wasser. Frißt Fische, Krebse und Wasservögel. Kann gut schwimmen.

▼ Wasserspitzmaus ○

KRL 8 cm. Lebt an Teichen, Seen und Flüssen, aber auch in verlassenen Gängen von Maulwürfen. Kann gut schwimmen, läuft auf dem Boden der Gewässer herum und sucht kleine Wassertiere, fängt auf dem Lande Mäuse und Insekten.

Der Schwanz hat
auf der Unterseite
lange Schwimm-
borsten.

Schermaus, Ratte, Fledermaus

Ist so groß
wie eine Ratte,
aber gedrungener

Bau einer Schermaus

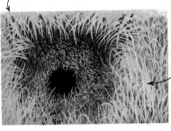

▲ Schermaus ○

KRL 12-20 cm. Wird auch Wasserratte genannt. Lebt an Teichen, Flüssen und Wassergräben, aber auch in Gärten. Frißt Wurzeln, Wasserpflanzen, Obst und Gemüse. Baut Röhren, die am Wasser münden, oder Nester im Schilf.

Die Röhre mündet dicht über dem Wasser

▶ Wanderratte ○

KRL 21-27 cm. Lebt an Teichen, Wassergräben und Kanälen, aber auch an Müllplätzen, in Kellern und Ställen. Heute weltweit verbreitet. Legt Erdbauten an. Kann gut schwimmen und tauchen. Frißt Tiere, Aas und Abfälle.

Das Fell kann auch dunkler gefärbt sein

Gibt zirpende Laute von sich

◀ Wasserfledermaus ○

KRL 4 cm, Flügelspannweite 22 cm. Lebt in der Nähe von Flüssen, Teichen und Seen. Überwintert in Höhlen. Jagt nachts, fliegt oft dicht über die Wasseroberfläche und kann auch gut schwimmen. Frißt Insekten.

Fische

Hecht, Forelle, Saibling, Stichling

▲ Hecht ◯

Bis 1,8 m lang und 35 kg schwer. Lebt in sauberem Wasser mit dichtem Pflanzenbewuchs. Lauert zwischen Wasserpflanzen und erbeutet Frösche, Lurche und Fische, auch Kleinsäuger und Vögel.

Stets gefleckt und mit 13 dunkleren Querbinden ↓

▼ Bachforelle ◯

Bis 50 cm lang. Lebt in schnell fließenden Bächen in sauberem, kaltem Wasser. Frißt Schnecken, Krebstiere und Insekten, aber auch kleinere Fische.

▲ Wandersaibling ◯

Bis 70 cm lang und 4 kg schwer, bei uns aber viel kleiner und etwa 50-200 g schwer. Lebt nur in kalten, sauerstoffreichen Seen der Alpen und des Voralpengebietes. Frißt Kleinkrebse und Bodentiere.

Hat drei Stacheln ↓

▼ Dreistacheliger Stichling ◯

4-7 cm lang. Lebt in Flüssen, Bächen, Teichen und Seen. Frißt Kleinkrebse. Das Männchen baut ein Nest und bewacht das Gelege und die Brut bis die Jungfische selbständig sind.

Männchen im Hochzeitskleid

Fische

Rotfeder, Schleie, Schlammpeitzger, Elritze

Mundspalte aufrecht,
nimmt Nahrung an der
Wasserober-
fläche
auf

▲ Rotfeder ○
Bis 40 cm lang. Lebt in
stehenden Gewässern mit
vielen Wasserpflanzen. Hat
rot gefärbte Flossen und gelbe
Augen. Frißt Wasserpflanzen,
aber auch Insekten.

▼ Schleie ○
Etwa 50 cm lang und bis
2 kg schwer, mit schleimiger
Haut. Lebt in stehenden
Gewässern mit schlammi-
gem oder torfigem Boden,
überwintert im Schlamm
vergraben. Frißt Pflanzen
und kleine Wassertiere.

Mundspalte abwärts,
nimmt Nahrung
vom Boden auf

▲ Schlammpeitzger ○
Etwa 30 cm lang, fast rund wie
eine Walze, mit schleimiger Haut.
Lebt in Teichen, Sümpfen und
Tümpeln mit schlammigem,
pflanzenreichem Boden. Vergräbt
sich im Winter im Schlamm.
Frißt Wassertiere.

Männchen
im
Hochzeits-
kleid

▼ Elritze ○
Etwa 10 cm lang. Braucht zum
Laichen kühles, sauberes
Wasser. Lebt in Flüssen,
Teichen und Seen, meist in
größeren Schwärmen. Ist
eine wichtige Beute der
Bachforelle. Frißt Pflanzen-
teile und kleine Wassertiere.

Flußbarsch, Gründling, Giebel

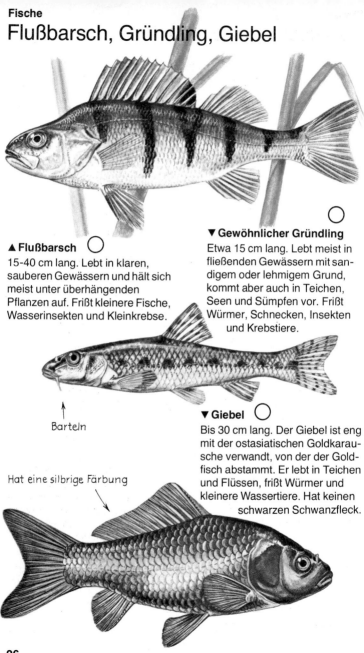

▲ Flußbarsch ◯

15-40 cm lang. Lebt in klaren, sauberen Gewässern und hält sich meist unter überhängenden Pflanzen auf. Frißt kleinere Fische, Wasserinsekten und Kleinkrebse.

▼ Gewöhnlicher Gründling

Etwa 15 cm lang. Lebt meist in fließenden Gewässern mit sandigem oder lehmigem Grund, kommt aber auch in Teichen, Seen und Sümpfen vor. Frißt Würmer, Schnecken, Insekten und Krebstiere.

Barteln

▼ Giebel ◯

Bis 30 cm lang. Der Giebel ist eng mit der ostasiatischen Goldkarausche verwandt, von der der Goldfisch abstammt. Er lebt in Teichen und Flüssen, frißt Würmer und kleinere Wassertiere. Hat keinen schwarzen Schwanzfleck.

Hat eine silbrige Färbung

Karausche, Karpfen, Wels

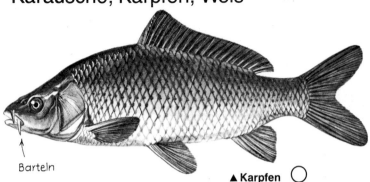

Barteln

hat Schlundzähne

▲ **Karpfen** ○
Bis 60 cm lang. Lebt in Seen und Teichen, aber auch in großen Flüssen. Das Weibchen erzeugt bis zu 1,5 Millionen Eier. Ernährt sich von kleinen Wassertieren und -pflanzen.

▲ **Karausche** ○
Bis 45 cm lang und 900 g schwer, in nahrungsarmen Teichen nur etwa 12 cm lang. Lebt in stehenden, schlammigen oder sumpfigen Gewässern. Ernährt sich von Wasserpflanzen und Insektenlarven.

▼ **Flußwels** ○
Bis 2,5 m lang. Lebt in größeren Flüssen und liegt meist regungslos auf dem Grund. Ist vorwiegend nachts aktiv und jagt Fische, Frösche und kleinere Wasservögel. Das Männchen betreibt Brutpflege.

Hat vier Barteln

Güster, Plötze, Bitterling, Aal

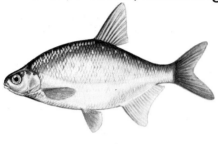

◄ Güster ○

Bis 30 cm lang. Lebt in langsam fließenden und stehenden Gewässern dicht über dem Grund. Frißt Insektenlarven und legt die Eier zwischen Wasserpflanzen ab.

◄ Plötze ○

Bis 30 cm lang. Hat rötliche Augen und wird deshalb auch Rotauge genannt. Lebt in Teichen und Flüssen, in der Ostsee im Brackwasser. Frißt Algen und andere Wasserpflanzen sowie Muscheln und Insektenlarven.

► Bitterling ○

6-7 cm lang. Lebt in Teichen, Tümpeln, Seen und großen Flüssen. Das Weibchen legt seine Eier in der Mantelhöhle der Flußmuschel ab, wo die Larven bleiben, bis sie schwimmen können.

Weibchen

Legeröhre

Flußmuschel

▼ Europäischer Flußaal ○

Bis 1 m lang. Schlüpft im Sargassomeer (östlich Zentralamerikas), wandert im Larvenstadium die Flüsse herauf und kehrt erst zur Fortpflanzung ins Meer zurück. Ernährt sich räuberisch von Fischen, Krebsen und Weichtieren.

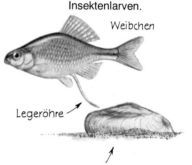

Kann über feuchte Wiesen wandern

Lurche

Kröten und Unke

Diese Tiere sehen auf den ersten Blick einem Frosch ähnlich, aber sie haben eine warzige, trockene Haut und überwintern auf dem Lande.

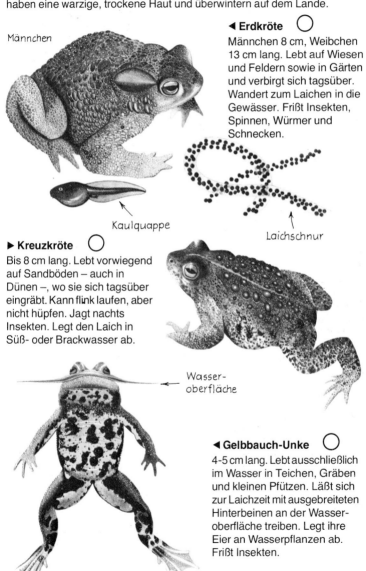

Männchen

◄ Erdkröte ○

Männchen 8 cm, Weibchen 13 cm lang. Lebt auf Wiesen und Feldern sowie in Gärten und verbirgt sich tagsüber. Wandert zum Laichen in die Gewässer. Frißt Insekten, Spinnen, Würmer und Schnecken.

Kaulquappe

Laichschnur

► Kreuzkröte ○

Bis 8 cm lang. Lebt vorwiegend auf Sandböden – auch in Dünen –, wo sie sich tagsüber eingräbt. Kann flink laufen, aber nicht hüpfen. Jagt nachts Insekten. Legt den Laich in Süß- oder Brackwasser ab.

Wasser-
oberfläche

◄ Gelbbauch-Unke ○

4-5 cm lang. Lebt ausschließlich im Wasser in Teichen, Gräben und kleinen Pfützen. Läßt sich zur Laichzeit mit ausgebreiteten Hinterbeinen an der Wasseroberfläche treiben. Legt ihre Eier an Wasserpflanzen ab. Frißt Insekten.

Frösche, Krötenfrosch

▶ Grasfrosch ◯

Bis 10 cm lang. Lebt in allen
Naturlandschaften, aber auch
in Gärten und Parks. Legt den
Laich in Tümpeln und Teichen
ab und überwintert im Bodenschlamm. Frißt Würmer,
Schnecken und Insekten.

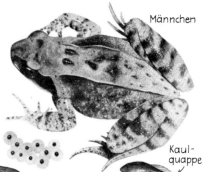

Männchen

Kaul-
quappe

Laich-
ballen

◀ Seefrosch

Bis 17 cm lang. Lebt im
Pflanzenwuchs der Ufer-
zonen und im freien Was-
ser. Frißt Insekten, kleine
Fische und Lurche, aber
auch Nestlinge und maus-
große Säugetiere. Hat
eine laute Stimme.

▶ Wasserfrosch ◯

8-12 cm lang. Hält sich auch
den ganzen Sommer über im
Wasser auf und sitzt gern auf
den großen Blättern der
Schwimmblattpflanzen. Nur die
Jungfrösche überwintern an
Land. Nahrung wie beim
Seefrosch. Hat eine sehr laute
Stimme.

↖ Die Haut
ist warzig

◀ Schlammtaucher ◯

4-4,5 cm lang, gehört zu den
Krötenfröschen. Lebt in der
Nähe von Gewässern und
klettert im Buschwerk. Laicht
im Wasser ab und kann gut
schwimmen. Frißt Insekten.
Hat eine laute Stimme.

Frösche

Hat lange Hinterbeine

◄ Springfrosch ○

6-9 cm lang. Lebt an Waldrändern zwischen Laub unter
Sträuchern. Frißt Insekten und
Weichtiere. Kann 1 m hoch
und 2 m weit springen. Kommt
zum Laichen in stehende
Gewässer.

Hat Haft-
scheiben an
den Fingern

► Laubfrosch ○

Bis 5 cm lang. Lebt in feuchten
Wäldern, Sümpfen, Wiesen
und Gärten. Kann gut klettern
und sitzt oft auf Bäumen und
Sträuchern. Ist oft grün, kann
aber die Farbe in Gelb, Grau
oder Schwarz wechseln. Frißt
Insekten.

Lurche sind oft Landtiere, zur Vermehrung müssen sie jedoch immer ins
Wasser zurückkehren, wo sie ihre Eier ablegen. Aus ihnen schlüpfen fisch-
ähnliche Kaulquappen. Die Entwicklung von der Kaulquappe zum Frosch
zeigt die folgende Abbildung.

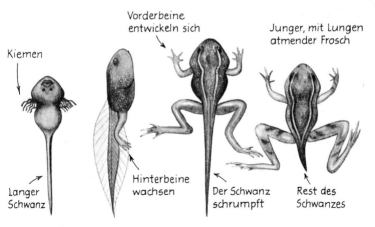

Vorderbeine
entwickeln sich

Junger, mit Lungen
atmender Frosch

Kiemen

Langer
Schwanz

Hinterbeine
wachsen

Der Schwanz
schrumpft

Rest des
Schwanzes

Molche

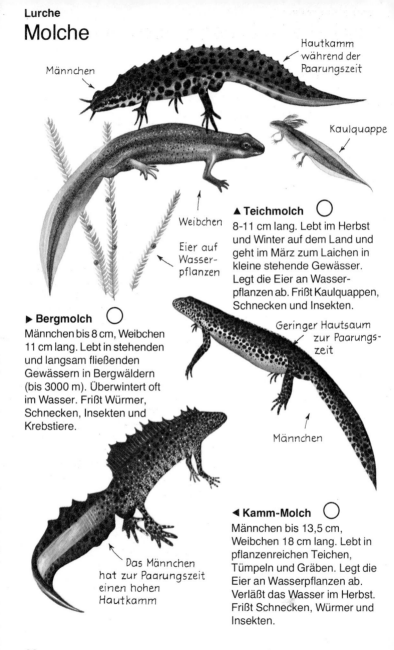

Männchen

Hautkamm während der Paarungszeit

Kaulquappe

Weibchen

Eier auf Wasser-pflanzen

▲ Teichmolch ◯

8-11 cm lang. Lebt im Herbst und Winter auf dem Land und geht im März zum Laichen in kleine stehende Gewässer. Legt die Eier an Wasser-pflanzen ab. Frißt Kaulquappen, Schnecken und Insekten.

▶ Bergmolch ◯

Männchen bis 8 cm, Weibchen 11 cm lang. Lebt in stehenden und langsam fließenden Gewässern in Bergwäldern (bis 3000 m). Überwintert oft im Wasser. Frißt Würmer, Schnecken, Insekten und Krebstiere.

Geringer Hautsaum zur Paarungs-zeit

Männchen

Das Männchen hat zur Paarungszeit einen hohen Hautkamm

◀ Kamm-Molch ◯

Männchen bis 13,5 cm, Weibchen 18 cm lang. Lebt in pflanzenreichen Teichen, Tümpeln und Gräben. Legt die Eier an Wasserpflanzen ab. Verläßt das Wasser im Herbst. Frißt Schnecken, Würmer und Insekten.

Molch, Salamander, Schildkröte

▼ Feuersalamander ◯

Bis 20 cm lang. Lebt in Laub-
wäldern meist in der Nähe von
Waldbächen. Hält sich tagsüber
unter Holz und Moos verborgen
und überwintert hier. Das
Weibchen bringt Larven zur
Welt, die im Wasser abgesetzt
werden. Frißt Regenwürmer
und Nacktschnecken.

Männchen

Das Männchen hat
hier Schwimmhäute

▲ Fadenmolch ◯

Männchen bis 7,5 cm, Weibchen 9 cm lang. Lebt in wald-
reichen Landschaften in Tümpeln, Teichen und Gräben. Verläßt nach der Paarungszeit im
Frühsommer das Gewässer.
Frißt Insekten und Würmer.

▼ Europäische
Sumpfschildkröte ◯

Panzer bis 30 cm lang. Lebt an
Teichen, Seen und langsam
fließenden Gewässern mit
reichem Pflanzenwuchs. Sonnt
sich am Ufer. Überwintert im
Bodenschlamm. Frißt Fische,
Molche, Frösche, Wasser-
schnecken und -insekten.

Kann
gefleckt
oder
gebän-
dert sein

Legt seine Eier auf dem Lande ab

33

Nattern

Hat zwei gelbe, halbmond-
förmige Nackenflecke,
die schwarz gesäumt sind

Die Eier
sind 3 cm lang

◀ Ringelnatter ○

Weibchen 1-2 m lang, Männchen
viel kleiner. Lebt vorwiegend an
stehenden und langsam fließenden
Gewässern mit reichem Pflanzenwuchs. Kann gut schwimmen.
Verschlingt lebende Kröten,
Frösche, Molche und Fische. Ist
nicht giftig und beißt auch nicht.

▶ Vipernatter ○

Weibchen bis 1 m, Männ-
chen bis 80 cm lang. Kommt
nur in West- und Südeuropa
sowie in Nordwestafrika vor.
Lebt in Gewässern und kann
gut schwimmen und
tauchen. Jagt kleine Tiere,
auch Kaulquappen und
Fische. Ist nicht giftig.

Farbe
und
Zeich-
nung
können
variieren

dunkle
Flecken

Hat einen langen,
schmalen Kopf

◀ Würfelnatter ○

Meist 0,8-1 m lang. Lebt in
warmen Flußtälern (z.B. Rhein,
Mosel, Lahn, Nahe und Elbe),
in Flüssen, Teichen und Bächen
mit sauberem Wasser. Frißt
Fische, Frösche und Molche.
Ist nicht giftig und beißt auch
nicht.

Käfer

▶ **Großer** ○
Kolbenwasserkäfer

40-48 mm lang. Ist nicht selten. Lebt in Teichen und Tümpeln mit dichtem Pflanzenwuchs. Frißt Pflanzen; die Larven erbeuten dagegen kleine Wassertiere. Kommt zum Atmen an die Wasseroberfläche.

Hält Luftblasen unter dem Leib

◀ **Gelbrandkäfer** ○

30-35 mm lang. Lebt in Teichen und langsam fließenden Gewässern. Sowohl der Käfer als auch die Larve jagen Wassertiere. Kommt zum Atmen an die Wasseroberfläche und kann von hier auffliegen. Nicht selten.

Larve

▶ **Taumelkäfer** ○

6-8 mm lang. Lebt in größeren Gruppen auf der Wasseroberfläche stehender Gewässer und schwimmt in Bögen hin und her. Taucht bei Störung sofort unter. Frißt Insekten, die ins Wasser fallen.

◀ **Schlammkäfer** ○

8-10 mm lang. Lebt auf dem Grund stehender Gewässer und jagt Insekten und Würmer. Er kommt zum Atmen an die Wasseroberfläche, die Larven haben Tracheenkiemen, mit denen sie unter Wasser atmen.

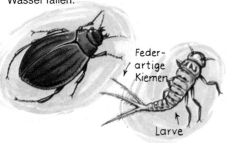

Federartige Kiemen

Larve

Wanzen

▶ Wasserskorpion ◯

18-22 mm lang. Lebt in flachen Teichen, Tümpeln und Gräben und hält sich unter der Wasseroberfläche an Pflanzen auf. Hat eine lange Atemröhre. Erbeutet Kaulquappen, Insekten und kleine Fische. Kann schmerzhaft stechen.

Atemrohr

◀ Stabwanze ◯

30-35 mm lang. Lebt am Rande von Teichen und Seen zwischen Wasserpflanzen. Ist nicht häufig und auch schwer zu erkennen, weil der Körper unauffällig gefärbt ist. Ergreift die Beutetiere mit den Vorderbeinen. Kann fliegen.

▶ Teichläufer ◯

9-12 mm lang. Lebt an den Rändern von stehenden und langsam fließenden Gewässern und ist ziemlich häufig. Läuft auf dem Wasser. Saugt andere Insekten aus. Überwintert am Ufer.

◀ Bachläufer ◯

6-7 mm lang. Lebt auf stehenden oder langsam fließenden Gewässern. Läuft auf der Oberfläche umher und frißt Insekten und Spinnen. Legt die Eier an Wasserpflanzen ab. Kann tauchen.

Wanzen

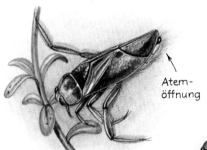

Atem-
öffnung

◀ Gemeiner Rückenschwimmer ◯

15-16 mm lang. Ist häufig, lebt in stehenden Gewässern, schwimmt mit der Bauchseite nach oben, hängt oft unter der Wasseroberfläche. Das dritte Beinpaar ist als Ruder ausgebildet. Frißt Kaulquappen, Insekten und kleine Fische.

▶ Punktierte Ruderwanze ◯

12-14 mm lang. Ist häufig, sitzt in stehenden Gewässern an den Pflanzen. Kann gut schwimmen. Muß zum Atmen an die Wasseroberfläche kommen. Frißt Algen und kleine Wassertiere auf dem Boden.

◀ Schwimmwanze ◯

12-16 cm lang. Nicht selten. Lebt zwischen den Wasserpflanzen am Grunde flacher, stehender Gewässer. Kann schmerzhaft stechen. Überwintert im Wasser. Kann nicht fliegen, aber gut schwimmen. Frißt kleine Wassertiere.

▶ Wasserläufer ◯

8-10 mm lang. Ist häufig. Läuft rasch über die Wasserfläche stehender Gewässer. Hat an den Beinen feine Härchen. Kann springen und tauchen. Lebt von kleinen Insekten, die auf dem Wasser zappeln.

Libellen

Libellen haben weder einen Giftstachel noch einen Stechrüssel; sie sind für den Menschen völlig harmlos. Sie ernähren sich von Insekten, die sie im Flug fangen. Die Weibchen legen die Eier im Wasser an Wasserpflanzen oder am Boden ab. Aus ihnen schlüpfen Larven, die räuberisch leben.

Männchen

◄ Goldjungfer ○

45-50 mm lang, Flügelspannweite 65-70 mm. Ist im Sommer ziemlich häufig zu sehen. Fliegt blitzschnell über Flüsse, Teiche und Seen, jagt aber auch an Waldrändern und zwischen Gebüschen. Ist vor allem in Südeuropa verbreitet.

Männchen

► Königslibelle ○

70-80 mm lang, Flügel-spannweite 100-105 mm. Lebt an Flüssen, Teichen und Seen und ernährt sich räuberisch von anderen Insekten. Vorder- und Hinterflügel haben eine verschiedene Form.

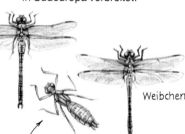

Weibchen

Larve

Männchen

◄ Braune Mosaikjungfer ○

70-75 mm lang, Flügelspannweite 95-100 mm. Fliegt über Gewässer, jagt aber auch an Waldrändern. Legt die Eier im Wasser ab. Die Larven ernähren sich von kleinen Wassertieren.

► Plattbauchlibelle ○

35-45 mm lang, Flügel-spannweite 70-75 mm. Lebt an stehenden, pflanzenreichen Gewässern und jagt Insekten. Die Larven leben ebenfalls räuberisch. Vorder- und Hinterflügel sind verschieden, der Leib ist stets abgeplattet.

Weibchen

Männchen

Libellen

Die Libellen kann man in zwei Gruppen einteilen: die Kleinlibellen und die Großlibellen. Erstere klappen ihre Vorder- und Hinterflügel beim Sitzen über den Körper zusammen, letztere spreizen sie weit vom Körper ab. Die oberen drei Arten gehören zu den Kleinlibellen.

▶ Weidenlibelle ◯

32-36 mm lang, Flügelspannweite 45-50 mm. Lebt an stehenden, pflanzenreichen Gewässern, ist aber auch an feuchten Wiesen und Waldrändern zu sehen. Legt die Eier in Rindenspalten von Weiden am Wasser.

Männchen

Weibchen

Männchen

◀ Hufeisen-Azurjungfer ◯

Etwa 30 mm lang, Flügelspannweite 35 mm. Ist häufig und lebt an stehenden und langsam fließenden Gewässern. Das Männchen hat einen U-förmigen Fleck auf dem blauen Hinterleib, beim Weibchen ist der Körper grün.

▶ Glänzende Schönjungfer ◯

Etwa 45 mm lang, Flügelspannweite 60-65 mm. Ist selten und fehlt im Norden in großen Gebieten. Lebt an Teichen und flachen Seen mit schlammigem Untergrund, aber auch an Bächen und Flüssen.

Männchen

Weibchen

◀ Blutrote Heidelibelle ◯

Etwa 35 mm lang, Flügelspannweite 55 mm. Nicht häufig, lebt an Teichen und Seen. Die Larven entwickeln sich schneller als bei den übrigen Libellen, die 2-3 Jahre brauchen. Die Libellen schlüpfen meist nachts.

Männchen

Das Weibchen ist heller gefärbt

Schnake, Stechmücken, Mistbiene

▶ Große Schnake ○

30-44 mm lang. Lebt in der Nähe von Gewässern, aber auch auf Wiesen. Kann nicht stechen, sondern ernährt sich ausschließlich von Pflanzensäften. Auch die Larven leben von Pflanzen, sie finden sich im Schlamm flacher Gewässer.

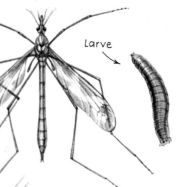

Larve

Larve

◀ Malariamücke ○

6-8 mm lang. Saugt Blut und kann in tropischen Gebieten dabei die Malaria übertragen. Hat im Gegensatz zur Stechmücke Flecke auf den Flügeln. Die Larve liegt parallel zur Wasseroberfläche in Tümpeln und Teichen.

▶ Gewöhnliche Stechmücke ○

6-7 mm lang. Häufig. Saugt an Vögeln, Säugetieren und Menschen Blut. Die Weibchen legen die Eier im Wasser ab. Die Larven hängen schräg von der Wasseroberfläche nach unten. Aus ihnen entwickeln sich innerhalb 2-3 Wochen neue Mücken.

Wasseroberfläche

Lange Atemröhre

◀ Mistbiene ○

Etwa 15 mm lang. Ist oft auf Blüten zu sehen. Die Larven leben in fauligen Gewässern und Jauchegruben. Sie verpuppen sich auf dem Lande.

„Rattenschwanzlarve"

Zuckmücke, Wasser-, Schlammfliege

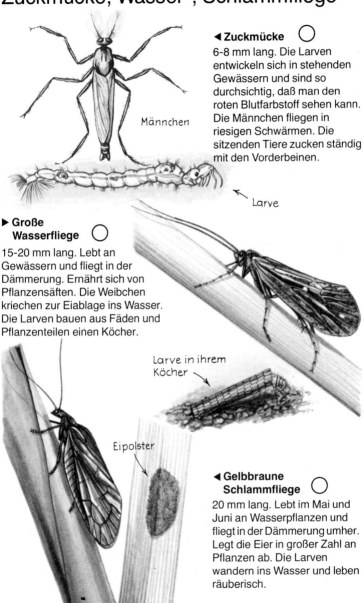

Männchen

Larve

◀ Zuckmücke ◯

6-8 mm lang. Die Larven entwickeln sich in stehenden Gewässern und sind so durchsichtig, daß man den roten Blutfarbstoff sehen kann. Die Männchen fliegen in riesigen Schwärmen. Die sitzenden Tiere zucken ständig mit den Vorderbeinen.

▶ Große Wasserfliege ◯

15-20 mm lang. Lebt an Gewässern und fliegt in der Dämmerung. Ernährt sich von Pflanzensäften. Die Weibchen kriechen zur Eiablage ins Wasser. Die Larven bauen aus Fäden und Pflanzenteilen einen Köcher.

Larve in ihrem Köcher

Eipolster

◀ Gelbbraune Schlammfliege ◯

20 mm lang. Lebt im Mai und Juni an Wasserpflanzen und fliegt in der Dämmerung umher. Legt die Eier in großer Zahl an Pflanzen ab. Die Larven wandern ins Wasser und leben räuberisch.

Eintagsfliege, Springschwanz, Zünsler

Drei lange
Körperan-
hänge

◀ Eintagsfliege ◯

Etwa 40 mm lang. Häufig. Die
Larven leben 2 Jahre lang in
Röhren am Grunde langsam
fließender Gewässer und
fressen Algen. Die Tiere fliegen
abends in großen Schwärmen
aufwärts, um sich dann mit
ausgebreiteten Flügeln
absinken zu lassen. Sie leben
nur kurze Zeit.

Wasseroberfläche

▶ Wasser-Springschwanz ◯

Etwa 2 mm lang. Lebt in
großen Mengen auf der
Oberfläche von Teichen, die
mit Wasserpflanzen bewachsen sind. Kann weit springen,
wobei der gegabelte Schwanz
nach unten geschnellt wird.

Gegabelter Schwanz

◀ Seerosen-zünsler ◯

Flügelspannweite etwa
30 mm. Die Eier werden
an den Schwimmblättern
von Pflanzen abgelegt.
Die etwa 20 mm langen
Raupen überwintern in
einem Köcher aus
Pflanzenteilen. Der
Falter schlüpft im Juni.

Die Raupe lebt in einem Köcher

Schilfeule, Wassermilbe, Wasserspinne

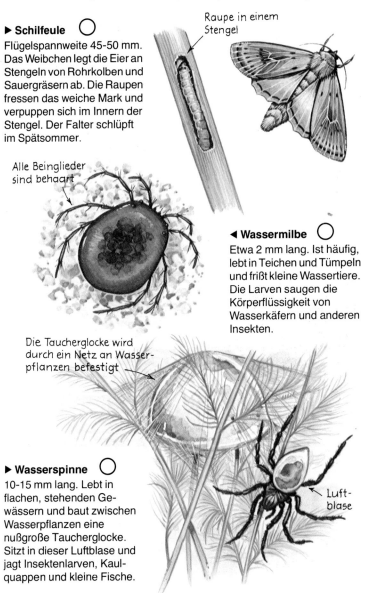

▶ **Schilfeule** ◯

Flügelspannweite 45-50 mm.
Das Weibchen legt die Eier an
Stengeln von Rohrkolben und
Sauergräsern ab. Die Raupen
fressen das weiche Mark und
verpuppen sich im Innern der
Stengel. Der Falter schlüpft
im Spätsommer.

Raupe in einem
Stengel

Alle Beinglieder
sind behaart

◀ **Wassermilbe** ◯

Etwa 2 mm lang. Ist häufig,
lebt in Teichen und Tümpeln
und frißt kleine Wassertiere.
Die Larven saugen die
Körperflüssigkeit von
Wasserkäfern und anderen
Insekten.

Die Taucherglocke wird
durch ein Netz an Wasser-
pflanzen befestigt

▶ **Wasserspinne** ◯

10-15 mm lang. Lebt in
flachen, stehenden Ge-
wässern und baut zwischen
Wasserpflanzen eine
nußgroße Taucherglocke.
Sitzt in dieser Luftblase und
jagt Insektenlarven, Kaulquappen und kleine Fische.

Luft-
blase

Muscheln

▶ **Teichmuschel** ◯
Schale 7-22 cm lang. Lebt in
stehenden Gewässern mit
schlammigem Untergrund.
Wirbelt durch Rütteln den
Schlamm auf und filtert
daraus Algen und andere
Kleinlebewesen. Hinterläßt
bis 1 m lange Furchen.

Larve
(stark vergrößert)

◀ **Wandermuschel** ◯
Schale etwa 4 cm lang. Ist
eigentlich ein Meeresbewohner
und vor etwa 150 Jahren in die
großen Flüsse (Rhein, Donau,
Weser und Elbe) eingewandert.
Ist an Steinen, Baumstämmen,
Schnecken und Krebsen
festgeheftet.

▶ **Hornfarbige
Kugelmuschel** ◯
Schale 8-10 mm lang. Lebt am
Boden von Bächen, klettert
aber auch auf Wasserpflanzen
umher. Legt keine Eier, sondern
entwickelt 10-16 Jungtiere, die
bereits ziemlich groß sind.
Bewegt sich wie eine
Spannerraupe.

Von
oben
gesehen

Von der Seite
gesehen

◀ **Teichnapfschnecke** ◯
Etwa 5 mm lang. Lebt an
den Stengeln und an der
Blattunterseite von
Wasserpflanzen am Rande
von Tümpeln und Teichen.
Frißt Algen und andere
kleine Wasserpflanzen.

Weichtiere
Schnecken

Gallertförmige
Eimasse

◀ Große Schlammschnecke ○

Gehäuse bis 5 cm lang. Lebt in stehenden oder fließenden Gewässern an Pflanzenstengeln. Hat ein hartwandiges Gehäuse, das in stehendem Wasser länger ist als in fließendem. Frißt kleine Tiere, aber auch Pflanzen.

▶ Sumpfschnecke ○

Gehäuse 2-3 cm lang. Lebt in Tümpeln und Teichen. Kratzt mit ihrer Raspelzunge Algen von den Wasserpflanzen. Das Gehäuse ist wenig veränderlich.

◀ Ohrförmige Schlammschnecke ○

Gehäuse etwa 4 cm lang. Lebt in stehenden Gewässern und kriecht auf den Wasserpflanzen herum, ohne aber auf den Untergrund zu gehen.

▶ Kleine Schlammschnecke ○

Gehäuse etwa 1 cm lang. Lebt in flachen, stehenden Gewässern und kann Trockenperioden überstehen, indem sie sich in den Schlamm eingräbt.

Schnecken

▶ Wandernde Schlammschnecke ○

Gehäuse etwa 2 cm lang.
Häufig. Lebt in stehenden,
aber auch in fließenden Gewässern, in kalten Gebirgs-
bächen und bis 30° C war-
men Wasserschichten
der Flüsse. Das Gehäuse
ist je nach Lebensraum
sehr verschieden.

*Form und Farbe
des Gehäuses
sind variabel*

*Das hohe Gehäuse
ist stark gewunden*

◀ Posthörnchen- schnecke, Große Tellerschnecke ○

Gehäuse etwa 3 cm lang, links
gewunden! Lebt in jedem
stehenden oder langsam
fließenden Gewässer. Frißt
Algen und verrottende
Pflanzenteile. Ist die größte
Tellerschnecke.

▶ Moosblasenschnecke

Gehäuse etwa 1 cm lang,
dünn und durchsichtig, läßt
den dunkleren Körper
erkennen. Ist häufig und lebt
in Tümpeln sowie in
pflanzenreichen Teichen
und Seen.

Egel, Röhrenwurm, Plattwurm

▶ Pferdeegel ○

Bis 15 cm lang. Ist häufig und lebt in stehenden und fließenden Gewässern. Saugt weder an Pferden noch anderen Tieren, sondern verschlingt kleine Würmer und Insektenlarven.

▶ Medizinischer Blutegel ○

Bis 15 cm lang. Ist selten geworden. Lebt in Teichen und Seen. Saugt sich an Menschen und Säugetieren fest und schneidet eine dreistrahlige Wunde, aus der er Blut saugt. Wurde früher oft zum Schröpfen verwendet.

Egel kriechen an „spannend" und schwimmen durch Wellenbewegung

Die 3 Zähnchen schneiden eine Y-förmige Wunde

◀ Schlammröhrenwurm ○

Bis 8 cm lang. Lebt in stehenden Gewässern im Schlamm. Der aus einer kraterförmigen Röhre hervorragende Hinterkörper schwingt ständig hin und her, um im sauerstoffreichen Wasser zu atmen. Filtert Kleinstlebewesen aus dem Schlamm.

▶ Süßwasserplanarie ○

Etwa 12 mm lang. Lebt in Teichen unter Steinen und abgesunkenen Pflanzenteilen. Frißt abgestorbene Pflanzen und Tiere. Der Körper ist von einer Schleimschicht überzogen.

Krebstiere, Schlauchwürmer

▶ Wasserfloh, Daphnia ○

Bis 3,5 mm lang. Ist ein kleines Krebstier und lebt in Teichen zwischen den Pflanzen. Frißt Wassertiere und Algen, die mit den stark umgebildeten Beinen aus dem Wasser gefiltert werden.

▼ Süßwassergarnele ○

Etwa 25 mm lang. Gehört zu den Krebsen. Lebt in kleinen, flachen Teichen. Schwimmt mit der Bauchseite nach oben. Die Eier überleben, wenn das Wasser austrocknet.

▲ Wasserassel ○

Bis 25 mm lang. Gehört zu den Krebstieren. Lebt in stehenden und langsam fließenden Gewässern. Frißt zerfallende Pflanzenstoffe. Kriecht auf dem Grunde herum. Überwintert in Eis eingefroren.

← Wimpern

◀ Rädertier ○

Bis 10 mm lang. Rädertiere gehören zu den Schlauchwürmern, es gibt freischwimmende und festsitzende Arten. Das hier abgebildete Tier lebt in einer Wohnröhre und hat 4 bewimperte Lappen.

Diese Tiere kann man am besten unter einem starken
Vergrößerungsglas oder unter dem Mikroskop beobachten

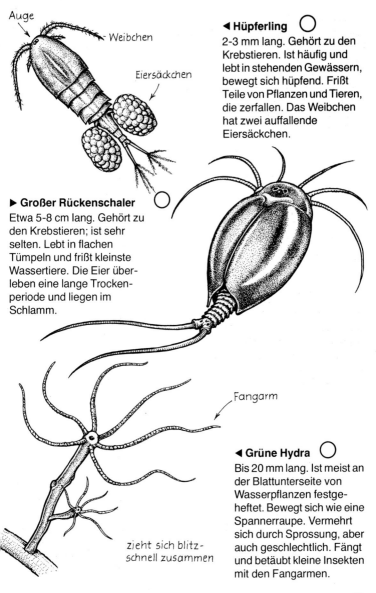

Auge

Weibchen

Eiersäckchen

◄ Hüpferling ◯
2-3 mm lang. Gehört zu den
Krebstieren. Ist häufig und
lebt in stehenden Gewässern,
bewegt sich hüpfend. Frißt
Teile von Pflanzen und Tieren,
die zerfallen. Das Weibchen
hat zwei auffallende
Eiersäckchen.

► Großer Rückenschaler ◯
Etwa 5-8 cm lang. Gehört zu
den Krebstieren; ist sehr
selten. Lebt in flachen
Tümpeln und frißt kleinste
Wassertiere. Die Eier überleben eine lange Trocken-
periode und liegen im
Schlamm.

Fangarm

zieht sich blitz-
schnell zusammen

◄ Grüne Hydra ◯
Bis 20 mm lang. Ist meist an
der Blattunterseite von
Wasserpflanzen festge-
heftet. Bewegt sich wie eine
Spannerraupe. Vermehrt
sich durch Sprossung, aber
auch geschlechtlich. Fängt
und betäubt kleine Insekten
mit den Fangarmen.

Luft und Nahrung

Jedes Gewässer bildet einen Lebensraum, in dem die einzelnen Bewohner aufeinander angewiesen sind und in einem Gleichgewicht stehen. Sobald man einige Glieder dieser Kette zerstört, bricht das ganze System zusammen, man sagt dann: „das Gewässer kippt um". Die Wiederherstellung ist sehr schwierig.

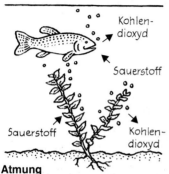

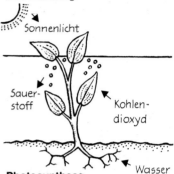

Atmung

Auch die Pflanzen nehmen nachts Sauerstoff auf und verbrauchen ihn für ihren Stoffwechsel. Tagsüber aber, wenn sie im Sonnenlicht Zucker aufbauen, verbrauchen sie Kohlendioxyd und geben Sauerstoff ab. Solange es genügend Pflanzen gibt, bleibt der Sauerstoffgehalt der Luft gleich. Im Wasser ist dieses Gleichgewicht leichter zu zerstören. Bei der Verschmutzung verbrauchen Pilze und Bakterien so viel Sauerstoff, daß die Wassertiere ersticken.

Photosynthese

Nur die Pflanzen sind in der Lage, aus unbelebten (anorganischen) Stoffen körpereigene (organische) Verbindungen herzustellen. Aus Wasser und Kohlendioxyd bilden sie Zucker, Stärke und Zellulose, wobei sie die Sonne als Energiequelle benutzen. Diesen Vorgang nennt man Photosynthese. Dabei nehmen die Pflanzen nicht nur das giftige Kohlendioxyd aus der Luft auf, sondern sie geben Sauerstoff ab. Ohne die Pflanzen könnte kein Tier und kein Mensch leben.

Pflanzen und Tiere eines Gewässers sind auf viele Arten voneinander abhängig. Bisher haben wir den Kreislauf des Sauerstoffes kennengelernt. Eine andere Abhängigkeit ergibt sich durch den Bedarf an Nahrung, und man spricht deshalb von einer Nahrungskette. Auf der folgenden Seite ist eine solche Nahrungskette dargestellt.

Eine Nahrungskette

Der Nerz ernährt sich von Wasservögeln und großen Fischen, die ihrerseits kleinere Krebstiere, Fische, Insekten und Insektenlarven fressen. Die Krebstiere fressen winzige Algen, die im Wasser schweben, während die Insekten und ihre Larven Kaulquappen und Schlammröhrenwürmer verzehren.

Die Kaulquappe findet ihre Nahrung an Wasserpflanzen, die Schlammröhrenwürmer an verrottenden Pflanzen und Tieren. Solche Nahrungsketten finden sich in allen Lebensräumen: an ihrem Anfang steht immer eine Pflanze, der sogenannte Produzent, von dem mehrere Tierarten, sogenannte Konsumenten, abhängen. Am Ende einer Nahrungskette steht meist ein Raubtier – oder der Mensch.

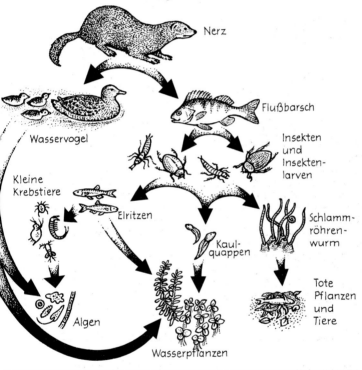

Nerz

Wasservogel

Flußbarsch

Kleine Krebstiere

Elritzen

Insekten und Insektenlarven

Kaulquappen

Schlammröhrenwurm

Algen

Tote Pflanzen und Tiere

Wasserpflanzen

Plankton

Das Wasser enthält eine ungeheure Menge kleiner schwebender Pflanzen und Tiere, die mit dem bloßen Auge nicht mehr sichtbar sind. Sie fallen nur auf, wenn es zu einer Massenvermehrung kommt und das Wasser trübe wird. Die schwebenden Lebewesen bezeichnet man als Plankton.

Amöbe   Pantoffeltierchen   Euglena   Diatomeen   Kugelalge   Fadenalge

Wie Pflanzen und Tiere atmen

Pflanzen und Tiere, die im Wasser leben, verschaffen sich die Atemluft auf ganz verschiedene Weise. Manche können den im Wasser gelösten Sauerstoff aufnehmen, andere atmen an der Wasseroberfläche oder in einer Luftblase.

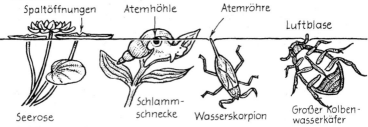

Spaltöffnungen · Atemhöhle · Atemröhre · Luftblase · Seerose · Schlammschnecke · Wasserskorpion · Großer Kolbenwasserkäfer

Pflanzen nehmen die Luft mit ihren Blättern auf. Unter einer starken Lupe kannst du erkennen, daß diese unzählige kleine Poren haben. Durch diese Spaltöffnungen gelangt die Luft an die grünen Zellen im Inneren des Blattes, in denen die Photosynthese stattfindet. Schlammschnecken kommen zum Atmen an die Wasseroberfläche.

Sie öffnen eine Atemhöhle, sammeln Luft in ihrer Lunge und verschließen die Öffnung bevor sie tauchen. Auch viele Insekten atmen an der Wasseroberfläche. Der Wasserskorpion z.B. hat eine lange Atemröhre, während der Große Kolbenwasserkäfer eine Luftblase unter seiner behaarten Unterseite sammelt.

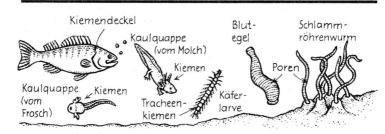

Kiemendeckel · Kaulquappe (vom Molch) · Blutegel · Schlammröhrenwurm · Kiemen · Poren · Kaulquappe (vom Frosch) · Kiemen · Tracheenkiemen · Käferlarve

Fische atmen, indem sie den im Wasser gelösten Sauerstoff direkt mit ihren Kiemen aufnehmen. Eine Besonderheit bieten die Kaulquappen der Frösche und Molche. Sie beginnen ihr Leben im Wasser und sehen anfangs nicht nur wie kleine Fische aus, sondern atmen mit Kiemen, die außen am Kopf sitzen. Bei der Umwandlung zum erwachsenen Tier werfen sie ihre Kiemen ab und atmen durch Lungen, aber auch durch die Haut. Manche Insektenlarven haben Tracheenkiemen, während die Würmer durch kleine Poren in ihrer Haut atmen.

Wir beobachten Tiere

Vögel beobachten

Zum Beobachten der Tiere brauchst du ein Fernglas, eine Lupe und einen Beobachtungskasten mit einem durchsichtigen Boden. Am besten gehst du am frühen Morgen kurz nach Sonnenaufgang an einen Teich. Wenn du dich ganz vorsichtig und leise bewegst, kannst du jetzt Vögel und kleine Säugetiere beobachten. Wenn es dann im Verlaufe des Vormittags wärmer wird, kommen auch die Insekten und Lurche zum Vorschein.

Bevor du mit deinen Gummistiefeln in das Wasser gehst, solltest du mit einem Stock tasten, wie tief das Wasser vor dir ist, damit du nicht in ein Loch trittst. Wenn der Boden

Wassertiere beobachten

schlammig ist, solltest du besser draußen bleiben, denn leicht versinkst du so tief, daß deine Stiefel steckenbleiben. Störe die Tiere sowenig wie möglich, gehe nicht zu nahe an ein Nest heran. Wenn du Fotos gemacht hast und die Pflanzen und Tiere beobachtet hast, so ziehe dich genauso ruhig wieder zurück. Zum Beobachten der Wassertiere nimmst du einen Holz- oder Plastikkasten (oder eine Blechbüchse) ohne Boden und spannst eine durchsichtige Plastikfolie darüber, die du mit einem Gummiband befestigst. Stelle den Kasten mit der Folie nach unten auf die Oberfläche des Wassers.

Karten und Skizzen

Es ist viel wichtiger und besser, daß du einen Teich genau kennst, als wenn du viele Gewässer flüchtig untersucht hast. Deshalb solltest du dir einen Teich aussuchen und ihn mindestens ein ganzes Jahr hindurch beobachten. Es ist notwendig, daß du alle Beobachtungen aufschreibst und z.B. die Verbreitung der einzelnen Pflanzengesellschaften in einer Skizze festhältst. In diese Karte kannst du auch Vogelnester und ähnliches einzeichnen.

Wenn du die verschiedenen Pflanzenarten aufzeichnen willst, verwendest du am besten für jede Art ein besonderes Zeichen

Wir untersuchen einen Teich

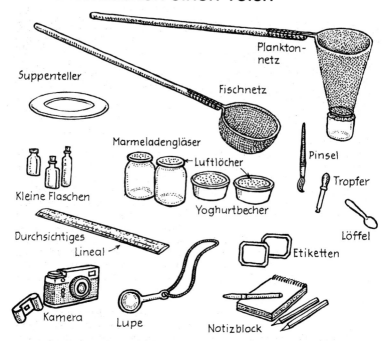

Planktonnetz

Suppenteller

Fischnetz

Marmeladengläser

Luftlöcher

Pinsel

Tropfer

Kleine Flaschen

Yoghurtbecher

Löffel

Durchsichtiges Lineal

Etiketten

Kamera

Lupe

Notizblock

Die Ausrüstung

Zur Untersuchung eines Gewässers brauchst du eine Anzahl von Geräten, die du leicht selbst bauen und beschaffen kannst.

● Ein Netz, um größere Pflanzen und Tiere aus dem Wasser zu heben. Nimm ein grobes Küchensieb aus Metall oder Plastik und binde seinen Griff an einen Besenstiel.

● Ein Planktonnetz. Biege einen dicken Draht zu einem Kreis und befestige ihn an einem langen Stiel, um den Draht nähst du eine Tüte aus ganz feinem Gardinenstoff. Schneide die Spitze ab und binde den Stoff außen um den Hals einer Plastikflasche. Das Netz ziehst du langsam durch das Wasser und hältst es dann am Griff in die Luft. Wenn das Wasser allmählich abläuft, sinkt ein Teil des Planktons in die Flasche.

● Kleine Gefäße, deren Deckel du durchbohrst, z.B. Marmeladengläser oder Joghurtbecher sowie Plastikflaschen mit Verschluß.

● Einen Suppenteller zum Sortieren der Tiere.

● Einen Pinsel, einen Tropfer und einen Löffel, um die Tiere aufzunehmen.

● Lupe, Kamera, Notizblock und Etiketten.

Schwinge das Netz hin und her

Stelle die Gläser in den Schatten

Verteile deinen Fang auf dem Teller

Das Sammeln

Um Pflanzen und Tiere aus dem Wasser zu fischen, verwendest du am besten deine Netze, die du mit weitem Schwung hin und her ziehst. Den Inhalt kippst du nun in den Teller, und wenn sich der Schlamm abgesetzt hat, kannst du die einzelnen Arten erkennen. Fülle mehrere Flaschen mit sauberem Wasser und verteile dann deinen Fang. Dabei solltest du einige Regeln beachten:

● Nimm die Tiere vorsichtig auf, damit du sie weder tötest noch verletzt.

● Halte die Tiere niemals an den Beinen fest.

● Feuchte die Hände an, bevor du Lurche und Fische anfaßt.

● Wenn du die Tiere in das Glas getan hast, so stelle es an einen schattigen Platz.

● Würmer und Insektenlarven tust du am besten zusammen mit feuchten Pflanzen in ein Gefäß.

● Reiße keine Pflanzen aus, sondern schneide nur die Teile ab, die du zum Bestimmen brauchst.

● Nimm nur wenige Exemplare mit nach Hause und bringe sie zurück, sobald du mit deinen Untersuchungen fertig bist.

Wichtige Notizen

Bei deinen Beoachtungen wirst du so viele Dinge sehen, daß du sie unmöglich alle im Gedächtnis behalten kannst. Deshalb ist es wichtig, daß du sie regelmäßig in ein Notizbuch einträgst. So solltest du z.B. festhalten, wo die einzelnen Pflanzenarten vorkommen, wann sie blühen und fruchten. So wirst du feststellen, daß viele Tiere von der Entwicklung der Pflanzen abhängen und sich erst vermehren, wenn sie genügend Nahrung und Schutz finden.

Raubtiere und Beutetiere

Wenn du Tiere aus einem Teich nach Hause nimmst und sie in ein Aquarium setzt, so achte darauf, ob sie sich vertragen. Die folgenden Tiere sind Räuber, deshalb mußt du sie einzeln halten:

Libellenlarven
Gelbrandkäfer
Wasserskorpione
Rückenschwimmer
Wasserspinnen
Stichlinge
Lurche

Diese Tiere kannst du zusammen halten:

Wasserflöhe
Wasserasseln
Süßwassergarnelen
Schnecken
Wasserfliegen
Ruderwanzen

Wir bauen ein Aquarium

Wenn du kleinere Wassertiere zu Hause beobachten willst, so brauchst du dazu ein Gefäß. Vielleicht findest du ein Wasserbecken aus Glas.

Zuerst füllst du das Gefäß etwa 5 cm hoch mit sauberem Sand und Kies, dann gießt du fast bis oben hin Teichwasser hinein – Regenwasser geht auch, aber keinesfalls Leitungswasser. Nun nimmst du einige Unterwasserpflanzen und pflanzt sie in den Boden. Du kannst sie einem Teich entnehmen oder aber in einer Zoohandlung kaufen. Damit die Pflanzen besser im Boden halten, legst du einen kleinen Stein seitlich auf die Pflanze. Außerdem kannst du noch einige größere Steine in das Gefäß legen, zwischen denen die Tiere sich gern verbergen. Jetzt stellst du dein Aquarium an einen hellen Platz, wo es Licht, aber keinesfalls volle Sonne erhält, und läßt es etwa 8 Tage lang stehen. Danach setzt du die Wassertiere ein, die sich untereinander vertragen (siehe Seite 55). Wenn du Wasserkäfer, die fliegen können, in deinem Aquarium hast, so lege eine Glasplatte darauf, die auf kleinen Holzklötzchen ruht. Wenn das Wasser zu riechen beginnt, mußt du es wechseln. Wenn du mit deinen Untersuchungen fertig bist, so bringe die Tiere in den Teich zurück, aus dem du sie genommen hast.

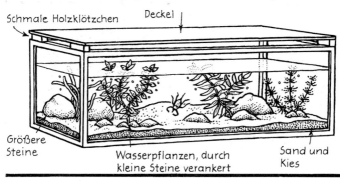

Schmale Holzklötzchen
Deckel
Größere Steine
Wasserpflanzen, durch kleine Steine verankert
Sand und Kies

Kaulquappen

Eine der interessantesten Beobachtungen ist die Entwicklung einer Kaulquappe zum fertigen Frosch. Fische im März oder April einige Kaulquappen aus dem Wasser und setze sie in dein Aquarium. Frisch aus dem Ei geschlüpfte Tiere ernähren sich von Wasserpflanzen, später brauchen sie aber Fleisch. Nimm einen Draht, biege eine Öse und lege etwas durchgedrehtes, nicht gesalzenes Fleisch auf die Öse und hänge den Draht ins Wasser. Alle zwei Tage mußt du die Nahrung erneuern. Wenn die Tiere Beine bekommen und ihre Kiemen verlieren, kriechen sie auf einen größeren Stein über die Wasseroberfläche. Wenn sie dieses Stadium erreicht haben, solltest du sie wieder ins Freie setzen.

Wir legen einen Teich an

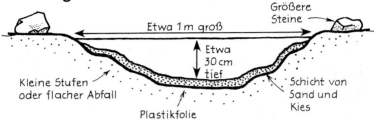

Etwa 1 m groß

Größere Steine

Etwa 30 cm tief

Kleine Stufen oder flacher Abfall

Schicht von Sand und Kies

Plastikfolie

Am besten kannst du die Pflanzen und Tiere beobachten, wenn du selbst einen kleinen Teich anlegst. Das ist gar nicht schwer. Du hebst im Garten eine etwa 1 m große und 30 cm tiefe Grube aus, deren Ränder allmählich flacher werden oder kleinere Treppen haben. Diese Grube kleidest du mit einer festen Plastikfolie aus, deren Ränder du etwas überstehen läßt und mit großen Steinen beschwerst. Achte darauf, daß der Boden vorher geglättet ist, damit keine scharfkantigen Steine die Folie durchlöchern. Jetzt bedeckst du den Boden der Grube mit einer etwa 5-10 cm dicken Schicht aus Sand und Kies und füllst sie mit Regenwasser. So bleibt sie etwa 8 Tage lang stehen.

In einer Gärtnerei kaufst du nun die verschiedenen Wasserpflanzen, die in einen Teich gehören: Seerosen, Pfeilkraut, Rohrkolben, Wasserpest und andere. Sie werden am Grunde des Teiches eingepflanzt, die beste Zeit dazu ist das Frühjahr. Wenn die Pflanzen gut angewachsen sind, ist es an der Zeit, Tiere einzusetzen. Du wirst erstaunt sein, wie viele verschiedene Wassertiere von ganz allein auftauchen. Sie fliegen zu oder haben in Form von Eiern und Larven an den Wasserpflanzen gesessen. Die übrigen holst du aus einem Teich.

Achte darauf, daß du nicht zu viele Tiere einsetzt und daß deine Pflanzen nicht die ganze Wasserfläche überwuchern. Wenn sich dein Teich zu einem natürlichen Lebensraum entwickelt, wird das Wasser immer klar sein. Anderenfalls mußt du es wechseln.

Der Teich als Lebensraum

Ein Teich oder ein See ist eine kleine Welt für sich, ein abgeschlossenes System, das sich völlig im Gleichgewicht befindet, solange es nicht von außen gestört wird. Der Lebensraum verhält sich wie ein einziger Organismus, in dem alle Teilhaber aufeinander angewiesen sind. Vermehrt sich eine Tierart in einem Jahr besonders stark, weil sie sehr viel Nahrung gefunden hat, so steigt auch bald die Anzahl der Raubtiere, die von ihr leben, und das Gleichgewicht ist wiederhergestellt. Aber wenn dieser Lebensraum empfindlich gestört wird, so zerreißt diese Kette, und sie ist nur schwer wieder herzustellen. Solche Störung muß gar nicht einmal eine Zerstörung sein. Allmähliches Absinken des Wasserspiegels, Aufheizen des Wassers durch Abwärme, Einleitung von Jauche oder auch nur das Einschlämmen von Düngemitteln von den umliegenden Feldern reichen aus, um das Gewässer für viele Pflanzen und Tiere ungeeignet zu machen.

Auch ein völlig intaktes Gewässer sieht nicht das ganze Jahr hindurch gleich aus. In ihm finden ständig viele Kreisläufe statt, von denen wir die Nahrungsketten (siehe Seite 51) und den Kreislauf von Sauerstoff und Kohlendioxyd (siehe Seite 50) bereits kennengelernt haben. Im folgenden wollen wir uns noch mit dem Wärmehaushalt, dem Kreislauf der Nährsalze und dem Licht beschäftigen.

Der Wärmehaushalt

Alle Lebewesen in einem Teich würden im Winter erfrieren, wenn sich das Wasser so verhalten würde wie jeder andere Stoff, der sich bei Abkühlung ständig weiter zusammenzieht und dadurch immer schwerer wird. Wasser wird dagegen nur bis zu einer Temperatur von + 4° C schwerer. Bei weiterer Abkühlung dehnt es sich wieder aus und schwimmt bei 0° C als Eis auf der Oberfläche. Deshalb sinkt auch bei strengstem Frost die Temperatur am Boden eines Teiches nicht unter + 4° C ab, und die Tiere können hier überwintern, ohne zu erfrieren. Im Frühjahr werden die obersten Wasserschichten zuerst erwärmt. Erst ganz allmählich steigt auch die Temperatur der unteren Schichten. Sie bleiben aber den ganzen Sommer über kühler und enthalten mehr Sauerstoff als die oberen. Im Herbst kühlen sich die oberen Wasserschichten zuerst ab und sinken auf den Boden. Dadurch wird das Wasser durchmischt. Auch Wind und Wellen sorgen für eine Durchmischung.

Der Kreislauf der Nährsalze

Alle Lebewesen brauchen bestimmte Nährsalze, um ihren Körper aufzubauen. Z.B. wird zur Herstellung von Eiweiß Stickstoff gebraucht. Die Tiere erhalten ihn, indem sie Pflanzen (oder andere Tiere) fressen.

Die Pflanzen können ihn nicht aus der Luft aufnehmen (wie das Kohlendioxyd), sondern können nur wasserlösliche Stickstoffsalze mit ihren Wurzeln aufnehmen. Auch Phosphor- und Schwefelverbindungen kommen auf diese Weise in die Pflanzen. Wenn die Lebewesen sterben, so zerfallen ihre Körper und werden wieder in

Stickstoff-, Phosphor- und Schwefelverbindungen zersetzt. So ist der Kreislauf geschlossen.

Das Licht

Pflanzen können nur dort leben, wo sie Sonnenlicht erhalten. In einem sauberen Gewässer sind das im Sommer nur etwa 1-2 m. Im Winter ist das Wasser klarer, das Licht reicht 4-5 m tief. Aber jetzt sind keine Blütenpflanzen da, die die Sonnenstrahlen ausnützen könnten. Im trüben, schmutzigen Wasser gibt es winzige Pflanzen: Bakterien und Pilze, die keinen Zucker aufbauen, sondern sich von der Zersetzung verrottender Pflanzen und Tiere ernähren. Sie entziehen dem Wasser Sauerstoff, und viele Tiere sterben. Die Sichttiefe im Wasser kannst du leicht feststellen, indem du eine weiße Scheibe an einen Faden bindest und sie versenkst. Jetzt kannst du messen, wie tief die Scheibe hängt, wenn du sie gerade noch sehen kannst.

Weiterführende Bücher

Wenn du dich regelmäßig mit den Pflanzen und Tieren der Gewässer beschäftigt hast, so wirst du manches finden, was in diesem Buch nicht behandelt ist. Dann ist es notwendig, daß du auch andere Bücher zu Hilfe nimmst. Im Otto Maier Verlag sind in der Reihe „Ravensburger Freizeit-Taschenbücher" erschienen:

H. Vedel/J. Lange: Bäume und Sträucher (Band 37)
K. Ruge: Helft den bedrohten Vögeln! (Band 118)
H. J. Conert: Flora in Farben (Band 142)
A. Moser: Expedition Frosch (Band 133)

Punktekarten

In den Punktekarten sind die Pflanzen und Tiere in der Reihenfolge aufgeführt, wie sie abgebildet und beschrieben sind. Wenn du eine Pflanze oder ein Tier entdeckt hast, so hakst du sie auf der entsprechenden Seite ab und trägst das Datum in die Punktekarte ein. Für jeden Fund erhältst du eine bestimmte Anzahl von Punkten. Am Abend kannst du zusammenzählen, wie erfolgreich du warst.

Seite	Art	Punkte	Datum	Datum	Datum
7	Schwarzerle	5			
7	Silberweide	10			
8	Korbweide	5	19	6	2010
8	Sumpf-Vergißmeinnicht	10	19	6	2010
8	Sumpf-Dotterblume	10	19	6	2010
9	Sumpf-Schwertlilie	20	19	6	10
9	Gemeiner Froschlöffel	15			
9	Zottiges Weidenröschen	10			
10	Echtes Mädesüß	10			
10	Schwanenblume	10			
10	Grüne Teichsimse	10			
11	Schilf	5			
11	Breitblättriger Rohrkolben	10			
11	Ästiger Igelkolben	15			
12	Wasser-Hahnenfuß	10			
12	Weiße Seerose	15			
12	Gelbe Teichrose, Mummel	15	19	6	20
12	Schwimmendes Laichkraut	10			
13	Pfeilkraut	15			
13	Kleine Wasserlinse	5			
	Summe				

Seite	Art	Punkte			
13	Krebsschere	20			
13	Froschbiß	15			
14	Kanadische Wasserpest	10			
14	Sumpf-Wasserfeder	25			
14	Ähren-Tausendblatt	10			
15	Tannenwedel	15			
15	Teich-Wasserstern	15			
15	Armleuchteralge	20			
16	Stockente	5			
16	Krickente	15			
16	Schellente	15			
17	Tafelente	10			
17	Löffelente	15			
17	Reiherente	20			
18	Haubentaucher	15			
18	Höckerschwan	5			
18	Zwergtaucher	15			
19	Graureiher	15			
19	Rohrdommel	25			
19	Lachmöwe	5			
	Summe				

Seite	Art	Punkte				Seite	Art	Punkte			
20	Wasserralle	25				27	Karausche	10			
20	Teichhuhn	5				27	Flußwels	20			
20	Bläßhuhn	10	*19*	*6*	*201*	28	Güster	10			
21	Fischadler	25				28	Plötze	5			
21	Teichrohrsänger	15				28	Bitterling	20			
21	Eisvogel	20				28	Europäischer Flußaal	10			
22	Nerz	25				29	Erdkröte	5			
22	Wasserspitzmaus	15				29	Kreuzkröte	20			
22	Fischotter	25				29	Gelbbauch-Unke	25			
23	Schermaus	10				30	Grasfrosch	10			
23	Wanderratte	10				30	Seefrosch	20			
23	Wasserfledermaus	20				30	Wasserfrosch	10			
24	Hecht	15				30	Schlammtaucher	25			
24	Bachforelle	10				31	Springfrosch	25			
24	Wandersaibling	15				31	Laubfrosch	10			
24	Dreistacheliger Stichling	5				32	Teichmolch	15			
25	Rotfeder	10				32	Bergmolch	25			
25	Schleie	10				32	Kamm-Molch	15			
25	Schlammpeitzger	25				33	Fadenmolch	15			
25	Elritze	5				33	Feuersalamander	25			
26	Flußbarsch	10				33	Europäische Sumpfschildkröte	25			
26	Gewöhnlicher Gründling	10				34	Ringelnatter	10			
26	Giebel	5				34	Vipernatter	25			
27	Karpfen	5				34	Würfelnatter	10			
	Summe						**Summe**				

Seite	Art	Punkte				Seite	Art	Punkte			
35	Großer Kolben-wasserkäfer	15				41	Zuckmücke	10			
35	Gelbrandkäfer	10				41	Große Wasserfliege	10			
35	Taumelkäfer	5				41	Gelbbraune Schlammfliege	10			
35	Schlammkäfer	15				42	Eintagsfliege	5			
36	Wasserskorpion	15				42	Wasser-Spring-schwanz	15			
36	Stabwanze	15				42	Seerosenzünsler	15			
36	Teichläufer	5				43	Schilfeule	15			
36	Bachläufer	10				43	Wassermilbe	10			
37	Gemeiner Rückenschwimmer	10				43	Wasserspinne	15			
37	Punktierte Ruderwanze	10				44	Teichmuschel	10			
37	Schwimmwanze	15				44	Wandermuschel	20			
37	Wasserläufer	5				44	Hornfarbige Kugelmuschel	10			
38	Goldjungfer	15				44	Teichnapf-schnecke	15			
38	Königslibelle	15				45	Große Schlammschnecke	10			
38	Braune Mosaikjungfer	15				45	Sumpfschnecke	10			
38	Plattbauchlibelle	10				45	Ohrförmige Schlammschnecke	15			
39	Weidenlibelle	15				45	Kleine Schlammschnecke	10			
39	Hufeisen-Azurjungfer	5				46	Wandernde Schlammschnecke	10			
39	Glänzende Schönjungfer	15				46	Posthörnchen-schnecke, Große Tellerschnecke	5			
39	Blutrote Heidelibelle	15				46	Moosblasen-schnecke	15			
40	Große Schnake	5				47	Pferdeegel	10			
40	Malariamücke	15				47	Medizinischer Blutegel	20			
40	Gewöhnliche Stechmücke	5				47	Schlamm-röhrenwurm	10			
40	Mistbiene	10				47	Süßwasser-planarie	10			
	Summe						**Summe**				

Seite	Art	Punkte				Seite	Art	Punkte			
48	Wasserfloh, Daphnia	10				49	Hüpferling	15			
48	Süßwasser-garnele	20				49	Großer Rückenschaler	25			
48	Wasserassel	10				49	Grüne Hydra	20			
48	Rädertier	20									
	Summe						Summe				
							Gesamt-Summe				

Namensverzeichnis

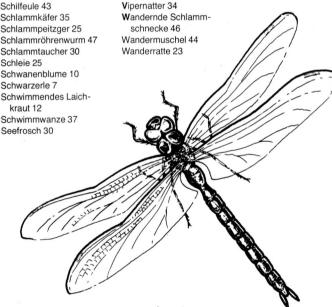